AF175038

DEVENIR POESÍA
Número 340
Colección dirigida por Juan Pastor

JARDÍN CERRADO

CARLOS GARCÍA MERA

JARDÍN CERRADO

Premio Internacional de Poesía
«Miguel Hernández-Comunidad Valenciana» 2025

POESÍA
Devenir
Madrid, 2025

Este libro, ganador del Premio Internacional de Poesía «Miguel Hernández-Comunidad Valenciana» 2025, promovido por la Fundación Cultural Miguel Hernández, ha merecido ayudas de la Concejalía de Cultura del Ayuntamiento de Orihuela, la Conselleria de Educación, Cultura, Universidades y Empleo, y del Área de Cultura de la Diputación de Alicante.

Primera edición, septiembre de 2025

Diseño: José Ramón Ballesteros de Diego

ISBN: 978-84-18993-46-6
DEPÓSITO LEGAL: M 19647-2025

Impreso en Imprenta Kadmos
Salamanca
IMPRESO EN ESPAÑA - PRINTED IN SPAIN

Un Jurado presidido, en su condición de Patrono
de la Fundación Cultural Miguel Hernández, por
Don Francisco Javier Díez de Revenga Torres, y formado
por Doña Bibiana Collado Cabrera, Don Joaquín Juan
Penalva, Doña Helena Establier Pérez, Doña Elia
Saneleuterio Temporal, Don Juan Pastor Giménez,
y actuando como Secretario del mismo el Director
de la Fundación convocante, Don Aitor L. Larrabide,
reunidos el día 27 de marzo de 2025, acuerdan conceder
a este libro el Premio Internacional de Poesía
«Miguel Hernández-Comunidad Valenciana» 2025,
convocado por la Fundación Cultural Miguel Hernández.

Tú eres un jardín cerrado
CANTARES, 4:12

un pueblo

a lo lejos, un buey.

aires que rechazan la música, la
teoría.
ANDREA TORIBIO

Aquí alimentarse de hierba significa lavarse la boca
MARÍA SÁNCHEZ

He vuelto a la casa de mi madre,
que es la casa de todos
los huérfanos de luz.
En ella, un camino
de cilantro y espliego
revive en la sombra
interior de sus muros.

Huele a café colado,
madera nueva y ropa limpia.

Justo en mitad del frío
han empezado a florecer dos árboles.
Sus hojas y sus pétalos
son como nieve,
en sus estambres
las abejas liban el néctar
crecido adentro.

En esta casa no se pone el sol
cuando el incienso alarga
los colores de lo que más nos llena,
apenas la sal se enciende.

Queda un abrazo,
aunque nadie lo sepa.

Hay un lirio encendido en mitad de la nieve.

Nada es imposible
si crece en la convicción de la justicia.

Convocados por el rito que nos une,
llamamos a una puerta encendida en mitad del bosque.
La mano acompaña el gesto agradecido
de los perros.
Todo lo que ha de morir
es capaz de mellar la noche.

Ahora el mundo está maduro,
mantiene con amor la sombra de mis pasos,
el peso azul de la pizarra.

Confío en que la nieve
atraviese este incendio.

Cuando pasen los años
y vuelvas a esta página
donde sólo tú existes,
ten presente este apunte,
este bosquejo a mano alzada.
Solo eso basta:
el trazo ligero
sujeto a la memoria,
la bruma del océano,
el temblor de una nube
de tormenta, el calor
que satisface al cuerpo,
la voz que nos habita,
el silencio cuando ella duerme.

Todavía si llamas
acudo a ti.
ÁNGEL CAMPOS PÁMPANO

Todavía si llamas
acudo a ti
y en el viaje imagino
que has buscado
aquello de nosotros
que tú guardas.
Qué largo es el camino
de tu nombre:
abre al silencio el labio
y florece
cárdeno desde el agua
que no hiere.
Para encontrar tu voz,
un espejo
que nace en mí, la luz
ha de ser
tan adentro, tan sólida,
que no olvide.

Caminamos a tientas a través de las sombras.
Descubrimos que hay algo más negro
en lo oscuro del valle.

Solos ante las ruinas
reconocemos en el corte de la piedra
un gesto familiar, los huesos
de un animal de compañía.

¿Qué se puede esperar
al conversar con la ceniza?

No hay luz en esta esquina de la noche.
No hay entre los escombros
un ascua para calentarse las manos,
para acercarla a la médula del labio.

Este humo atraviesa el temblor anciano del paisaje
y se alimenta por instinto en los campos donde crecen las
    promesas.

No hay grandeza en este lugar.
Recuerdos que ni yo mismo sospechaba
son ahora profecías,
suposiciones colmadas de advertencias.
Bajo la adusta sombra de la desmemoria
se precipitan los años.

La casa desde ayer es una calle,
paseamos sin advertir
las cosas que dan sentido al hogar
y son más que la familia.
Aquí nos encontramos a menudo
y rara vez cruzamos la mirada.

Tan solo brilla de esta forma
lo que se ha quemado.
La permanencia de las cenizas
en el pasillo no confirma
lo que ya no está.
Más bien, es todo lo que queda.

Hago memoria de aquellos días:
ciertas figuras,
que ahora cruzan como una brisa
por el salón de casa,
colmaban mis tardes de cariño.
No recuerdo sus nombres.
Nunca su luz es clara
y quizá se confunda con la luz
de otro recuerdo.
Esto nos queda al final del día:
una vaga imagen de nuestra infancia,
un cálido amor que no hubo
y siempre permanece.

Siquiera esto fue ir creciendo:
ganar altura a las tapias,
guardar bien en una caja
la memoria de uno mismo;
apilar en una esquina
los fracasos, olvidar
–si hubo– todas las victorias;
complacer a la familia,
resumir en una agenda
la amistad, por si perdura;
cosechar algunas pérdidas,
disponer las que vendrán.

Conseguir salvar, al menos,
ciertos gestos de esta quema
de aquellos que sí me importan.

Me he sentado
bajo la copa de un árbol centenario.
Sé que sus raíces
trabajan en el silencio austero del planeta,
nada hay tan profundo
que no vibre en la llama de una vela.

Alguien traerá, cuando acabe la tarde,
sábanas blancas y una cesta de mimbre
para compartir el fruto luminoso del mundo.

Un vencejo cruza la latitud total del universo,
un hábil artesano que fabrica toda mi herencia.

A solas y en silencio
me paro a contemplar
lo que me pasa.
ÁLVARO VALVERDE

Solo son instantes,
imágenes que no me pertenecen:
un río sin nombre,
la sombra de los álamos,
la alcoba de mis padres.
Me paro a contemplar
lo que me pasa:
el ruido que no cesa
y habita lugares
inciertos donde la vida
no alcanza.
                    Allí el tiempo
es apenas un murmullo.
Pero he llegado a este silencio
para cruzar la claridad
de todo lo que existe.

Para evitar
la demasía de palabras,
vivo adentro.

Regreso al estanque
donde el verde se refleja y canta.
Cae agua sobre el agua.
Silencio
que aún dice de otro modo.

Qué encendida la nieve en este enero,
cómo se agavilla el vuelo en el paisaje.
Gorjea y busca tu centro en el centro
de la avena, regresa a su tarea mineral,
a su dorada lumbre repleta de alabanzas. ·
Sube su misterioso albur, apaga el incienso
en la cima del valle como sube la alondra
a mi pecho y picotea del fruto abierto.
Vendrás a segar desde el tallo a la corona
la ternura aquella que sembramos.
Hay que moler la harina de otro pan,
servir la mesa con mantel de otra costumbre.
Pero es enero y el campo aprieta
contra el suelo la multitud de sus raíces.

Escribo
para caminar al lado de las tapias
enredadas en lo verde,
para subirme a lo alto de los pueblos
y cumplir el ciclo de la siega.

La palabra es un vuelo
que solo los pájaros conocen.

Somos Ícaros abrasados por el idioma de la luz.

Escribo
para ensanchar el horizonte,
bato las alas de lo indecible
para no morir en la caída.
En cada impulso hay una conquista.

Me asusta
el relámpago quieto del silencio.

Al aire un leve gesto,
la luz que no termina,
la mano abierta al pulso
de otra mano que escribe
un círculo secreto.

No es el paisaje
el último horizonte,
ni nosotros su límite.
Y en la cima, el agreste
claro donde plantar
un árbol nuevo, lleno
de sombras y de frutos
que apacigüen la sed
cuando ya no tengamos
sed, cuando seamos ya
los frutos y la sombra.

Encontré la herida que llevo conmigo
en el ojo de la aguja del mundo.

Quise hablar de las luciérnagas
en el cénit de la aurora,
cuando la quemadura del naranjo
se alzó por encima de los muros.

Solo la noche me habla de la noche.

Desciendo de la estirpe de los juncos
que poblaron los estanques de los dioses.
Desciendo de un asombro de ternura
olvidado en los rincones de la vida.

En la soledad que habita las ciudades
aún queda un árbol que sostiene
la pizarra azul del día,
aquello que atraviesa conmigo
el ojo de la aguja del mundo.

Aquí los pájaros aún abrazan lo indecible,
una hoguera hecha de una casa en llamas.

Después de tus manos ¿dónde el surco?
¿dónde la flor subida del hinojo?

Ahora brota el agua en la llanura
y el sol va con los rebaños
hasta el verde hinchado de las tapias.
Me apresuro. Hinco la rodilla en esta tierra,
recojo con mis manos la cáscara del cereal
combado por un mediodía tan alto, tan amoroso
en su latir que es pura entrega y así te la doy
por si perdura, por si aún quisieras
colocarla en el granero fértil de los días,
al lado de la herramienta y las palomas.

Después de tus manos: la trasparencia del mirlo,
el vuelo chico de la luz en el nevero.

Solamente un temblor
responde al canto del pardal
que sostiene la rama de la higuera.
Solamente una sombra
habita el interior de la casa.
Veo cómo la tarde
ha construido los muros de la noche.
El gorrión sube entonces a la tapia
para volver sobre sí mismo,
para hacer de su canto
semilla nueva.

Un pulso nuevo se detiene
en el aire, nace
en la comba del mirto

y aviva el mimbre de los juncos.
Dos cuerpos
se levantan, dos voces
abrazan una misma melodía,
dos manos sellan
la seguridad de lo inmediato.

Solo los espejos del bosque
han de saber su canto.

el deseo de luz produce luz.
SIMONE WEIL

Quedarse en uno mismo,
sentarse ante la mesa
que el silencio dispone.
Las manos limpias,
entregadas a lo que el agua brinda.
Tomar el fruto de la tarde
y ser sin anhelar.
              Vivir adentro,
despierto a todo en todo.
No querer ir a ningún otro sitio
que aquel donde se está.

He encontrado en el poema
el ascua encendida de un brasero.
Existe para atenuar el frío
de las habitaciones solas del mundo.

Quizá en este incendio
que ha arrasado los campos de lavanda
la ceniza sea el hogar de la memoria.

Me acerco a él y contemplo
el milagro de lo insignificante,
el vínculo sagrado de lo poco:
el poema es una majada
donde se refugia el sol de los rebaños.

A veces te visito
en la flor del pensel
o en aquel soplo
sin que adviertas mi presencia.
En el cielo de las cosas
vive
el acomodo de tu risa.

Te he buscado en la altura horizontal de las espigas,
quietas en lo quieto del campo.
He regado nuestro surco
con manantial y compartida luz.
Ahora es trabajo del viento
separar flor y polvo encendido,
amor y grano.

¿Qué olvido labrará hoy este barbecho?
¿Con qué oficio ocuparán sus horas
las aves que picoteaban los terruños?

¿Será posible sembrar dos veces el mismo fruto de esta siega?

Te he buscado más arriba de las tapias,
donde los cristales conjuran el peligro de horizonte.
Por eso existe marzo y no otro lugar
al lado de la sierra y el ganado,
por eso vuelve esta planicie
a mis hogueras.

Amarro el esparto a la cerradura,
quiero hacer vegetal esta estación,
calmar la herida de su herrumbre.
Cruzo la puerta del laurel y el cobertizo,
digo tu nombre y no me salvo.

Si ahora nada cesa en su existir,
por qué ha de hacerlo este grano
crecido en la humildad
del campo y de la entrega,
qué viento enciende la espiga
sin otra agua, sin otra sed
que la del amor y su misterio.

Esa sola fuerza le basta
para romper la cáscara
del cereal menudo,
levantar el tallo, echar raíces,
hacer de este baldío
tierra fértil, oración
dedicada a la cosecha.

Y qué pena de siembra
sin lluvia que alimente
la trenza de este heno.

También aquí la piedra
es la misma a esta hora
de la tarde. Descifra
la sombra de la encina,
el surco que da el agua,
la hebra o la simiente.
Todo se mueve en ese
deseo de quedarse,
de ser en permanencia,
pese a que el tiempo siegue
las varas de la mies,
o casi desvanezca
las huellas de este mármol.

He aprendido del liquen
la paciencia antigua de su oficio,
a respirar en la corteza de los días,
a compartir el secreto de la luz
destinada a lo invisible.

Todos
en algún momento
tenemos reservado un asiento
junto a un niño
que espera a las puertas de la vida.
Todos
en algún momento
volvemos a la ventana encendida de una casa.

Este es el misterio de lo humano,
la grandeza que alberga un pozo
en el que caben todas las constelaciones.

De todo lo posible,
elegimos atesorar el recuerdo de un abrazo,
hacernos responsables del cuidado lento de las rocas.

Casi llueve.
              En el nudo
ciego del frío
aquel hombre mira la tierra
como quien mira a una madre.
Devuelve a la raíz
la húmeda arcilla.
Acaricia con sus manos
el suelo
que aún todo lo puede.

Todo bosque es un templo
para la oración de las hormigas.
Trabajan apartadas del elogio
cuidando en secreto a nuestros muertos.

Yo las miro obrar desde mi ventana
levantando las capillas del asombro
en el seno de un planeta oculto.
Cada día encienden una vela.

Nada saben de su existencia, salvo lo que yo les cuento al
      acostarme.

Han mantenido un oficio duradero
desde la humildad anciana de la turba.
Son las arquitectas de este bosque,
mantienen erguida la bóveda del cielo.

La naturaleza busca redondear sus formas,
acallar así el hueco de su herida.
La blanca nervadura de las hojas
pliega hacia adentro el aire
caliente de la tarde.
Más allá, la ciudad es un enjambre
que baja sus antorchas.
Aguardan las sombras en el aljibe
hasta nacer el día.

No distingo tu voz entre las flores,
salvo que en ti
perdura el agua.

En tu cuidado
se demoran las calas
y las adelfas.

Con tu mano de mundo
alimentas la tierra
serena y pródiga.

Qué distinta la anchura de este campo,
la procesión de higueras,
los frutos abiertos ya por el calor y los insectos.
Qué memoria mineral habremos de encender
cuando el tacto descanse en otra piedra,
cuando las cigarras dicten su silencio.

El sol se afana en encalar las casas:
demasiada luz nunca es suficiente
para esparcir trigo nuevo sobre la esfera,
para cegar el vértice del amor y de los pozos.

Hay hierros que dejan un rastro
igual que las ciudades abandonan hacia adentro
o las cigüeñas alzan su pico en la llanura.
No hay oración para este luto,
no hay bálsamo o saliva que limpie
la mancha de tizón en los días abiertos a la quema.

En las horas donde el sueño nos mece,
antes de probar los frutos de la mies
y el vino del odre,
donde los animales se tumban al sol
y los muros de la casa aguardan la noche,

en esas horas
el silencio se ensancha hasta llegar al río.
Tan solo en los pequeños remansos
el caudal se aquieta
para que bajen a libar las bestias.

Tú venías con los pájaros,
cuando yo te esperaba con la lluvia.

Tu semilla
crece en el vientre de la piedra
donde la lluvia es lenta.
En la humedad del barro
tu nombre
hará crecer un árbol nuevo.

Después, los pájaros,
la nieve que no toca;
la sombra inacabada.

Para ti quiero
una cama de helechos,
una lluvia tan mansa como un llanto
que limpie bien tu cuerpo
de llagas y de olvido.

He asegurado esta presencia
al brocal mudo de los pozos,
a la lámina encendida de la madera
que todas las mañanas tallo
sin que nadie advierta su herida.
Aquí hay caminos nuevos,
estelas que renuncian
a un rastro de vencejos y abedules.

No quiero dejar huella en la corteza de los días
ni mellar este horizonte,
si acaso un leve trazo sujeto a la memoria.

Hasta entonces:
trabajar la tierra del huerto
que crece entre mis dedos,
amasar el pan que alimenta
el límite de mi mundo
y construir una cabaña
para los días de tormenta.

Si estas fuesen mis últimas palabras,
advertiría a quienes quiero
de lo aciago del día,
de que la luz quebrada
en la rosa cuando yo falte
sostendrá una presencia.
Intentaría convencerlos
de que fuesen al campo,
de que sus manos
todavía levantan
un mundo limpio,
de que aún son capaces
de hacerlo todo
por vez primera.
Desearía que el peso de la tierra
pudiera resistir
el peso de sus nombres,
que nada se oyese
salvo el rumor donde respiran.
Querría, eso sí, que sembraran
mi cuerpo
en la cima de un monte,
en suelo blando
bajo un manto de hierbas y hojas secas
y ser materia, alimento o cobijo

de vida nueva,
donde puedan ver que esto que soy yo,
al fin, ha valido para algo.

Escribid en mi lápida
el nombre lento de las cosas,
aquel que se pronuncia
en los días de fiesta
cuando nadie sabe
lo poco que ha de durar en el mundo.

Hacedlo con la rama de un sauco,
dibujad a pulso una palabra:
país o ciudad o tierra.
Cualquiera sirve si se levanta
para trenzar el nido de la noche,
para elevar sobre los hombros
lo poco que yo soy.

Este es el ofrecimiento calmado
de mi materia,
la urgencia de su misterio
incomprensible para los vivos.

Detrás de la lluvia me espera
un tapiz de hojas de acanto y malvas silenciosas.

Lo poco que sé de mí
está escrito en el anillo más hondo de un nogal.

Buscamos lo inesperado
en lo alto de las torres,
en la cima de los templos.
Ignoramos que existe la sorpresa
en la belleza de lo simple,
en el jardín cerrado de un bosque
al que hemos sido invitados
después de la tormenta.

Hoy, un nido de autillos
ha hecho de mi centro
el centro de su canto.

Hoy,
un nómada ha puesto la primera piedra junto a un árbol.

ÍNDICE

NOTA BIOGRÁFICA
DE CARLOS GARCÍA MERA

CARLOS GARCÍA MERA (1992) ha publicado los libros de poesía *Acercanza* (Beturia, 2014) y *El contorno del Eco* (Editora Regional de Extremadura, 2019). También ha realizado la selección y prólogo de la antología dedicada a Santiago Castelo *Sin pronunciar tu nombre. Antología poética (1976-2015)*, publicada por la editora iberoamericana Urutau (2020) y en ese mismo año publicó el ensayo *Música callada. Una aproximación para interpretar el silencio* (Brumaria).

Su poesía está recogida en varias antologías entre las que destacan *Poesía sin nombre. 15 poéticas posibles* (Fundación Universitaria Española, 2024), *Los últimos del Oeste. Una poética inexistente* (RIL, 2025) o *Quedan los árboles. Una antología* (Fundación Ortega Muñoz, 2025) y sus textos han aparecido en revistas de impacto literario como *Turia, Zéjel, Casapaís, Caracol nocturno* o *Anáfora*.

Ha disfrutado de una Beca para la Creación Artística en la Residencia de Estudiantes durante el curso 2019/2020 y de una Beca FormARTE del Ministerio de Cultura y Deporte para la Gestión Cultural en la Compañía Nacional de Danza durante el 2022.

Esta edición de «JARDÍN CERRADO»,
de Carlos García Mera,
nº. 340 de la Colección «Devenir poesía»,
se terminó de imprimir el día 18 de septiembre
de dos mil veinticinco, en Imprenta Kadmos,
Salamanca